Paula Martín Fernández-Escribano

APULEYO EDICIONES   FOMENTO DE VALORES   CUENTOS ILUSTRADOS

NOAH SE EMOCIONA

APULEYO EDICIONES   FOMENTO DE VALORES   CUENTOS ILUSTRADOS

NOAH ENCUENTRA...

FELICIDAD

TRISTEZA

ENFADO

MIEDO

ASCO

CALMA

SORPRESA

AMOR

CUANDO NOAH ESTÁ FELIZ,
NO PARA DE REÍR
Y LE SALE UNA GRAN SONRISA
IGUAL QUE A SU AMIGA LUISA.

TAMBIÉN SALTA, BAILA,
JUEGA Y NO TIENE PRISA.

PERO CUANDO ESTÁ TRISTE,
NO TIENE GANAS DE NADA
Y LAS LÁGRIMAS
CAEN POR SU CARA.

A VECES NECESITA UN ABRAZO
Y TAMBIÉN UN BESO.
¡ES PARTE DEL PROCESO!

CUANDO SE ENFADA,
CAMBIA SU CARA,
APRIETA SUS DIENTES
Y NADA LE PARA.

SE PONE ROJO COMO EL FUEGO,
NO QUIERE JUGAR,
TAMPOCO BAILAR,
Y SE INTENTA CALMAR.

CUANDO TIENE MIEDO,
NOAH SE VA CORRIENDO,
CIERRA FUERTE SUS OJOS
Y SE ESCUCHA UN GRAN GRITO:
—¡SOCORRO!

CUANDO SIENTE ASCO,
SE LLEVA UN BUEN CHASCO
Y SI VOMITA,
LO ECHA EN UN FRASCO.

NOAH LLAMA MUY DEPRISA
A ALGUIEN CONOCIDO
PARA QUE LE AYUDE
Y OLVIDAR LO OCURRIDO.

CUANDO ESTÁ CALMADO,
SE SIENTE TRANQUILO,
ESCUCHA MUY ATENTO
Y ES MUY CREATIVO.

PIENSA EN SUS SUEÑOS
Y EN SUS ILUSIONES,
Y A VECES HASTA ESCUCHA
ALGUNAS CANCIONES.

CUANDO SIENTE SORPRESA,
SE PONE CURIOSO;
TODO LE INTERESA
Y SE VUELVE INGENIOSO.

PREGUNTA Y BUSCA
Y NO PARA DE EXPLORAR.
¡QUÉ BIEN SE LO VA A PASAR
CON TODO LO QUE VA A ENCONTRAR!

CUANDO SIENTE AMOR,
QUIERE DAR MUCHOS BESOS
Y TAMBIÉN ABRAZOS,
DA VOLTERETAS Y HASTA SALTOS.

COMPARTE SU CARIÑO
CON TODOS SUS AMIGOS,
SIENTE ALEGRÍA
Y MUCHA SIMPATÍA.

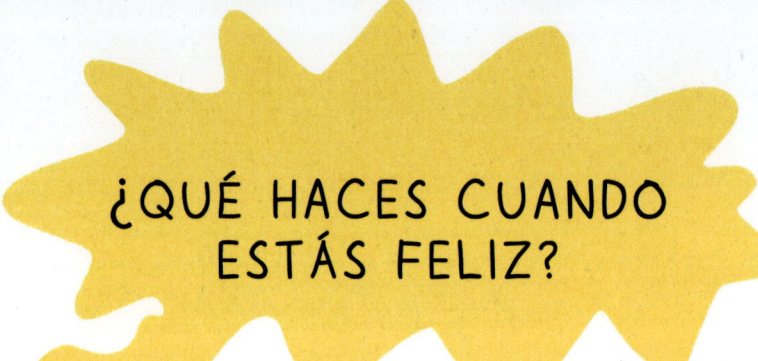

¿QUÉ HACES CUANDO
ESTÁS FELIZ?

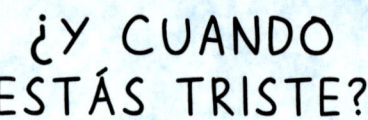

¿Y CUANDO
ESTÁS TRISTE?

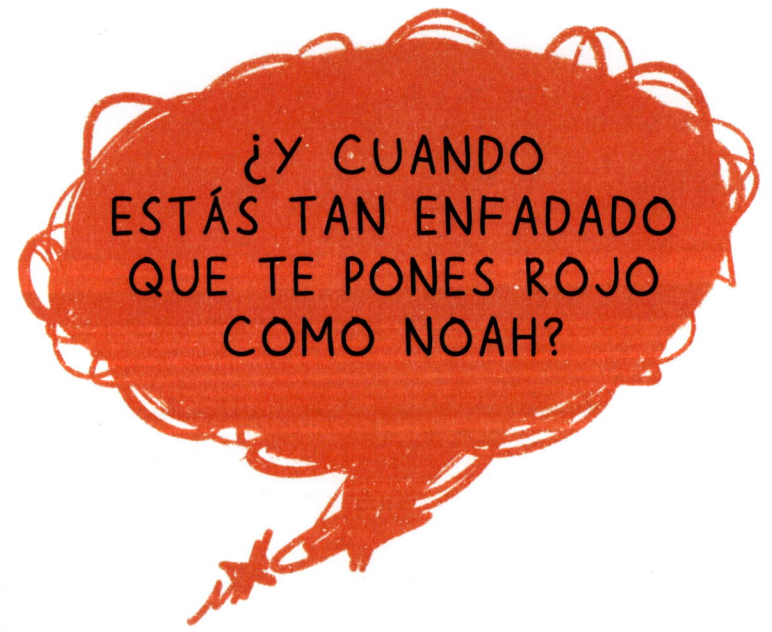

¿Y CUANDO
ESTÁS TAN ENFADADO
QUE TE PONES ROJO
COMO NOAH?

¿Y SI LLEGA
EL MIEDO?

Y CUANDO ALGO…
¡PUAJ!
¿TE DA ASCO?

¡AH!
¿Y CUANDO TE
SORPRENDE ALGO?

¿Y CUANDO SIENTES
CALMA?

¡OH!
PERO…
¿Y SI EL AMOR TE
ENCUENTRA?

A NOAH LE ENCANTA
CONOCER SUS EMOCIONES
Y SABER QUÉ SIENTE
SIN PREOCUPACIONES.

CONOCERSE ES IMPORTANTE
Y HACE QUE TE SIENTAS...
¡ALUCINANTE!

© Paula Martín Fernández-Escribano (de la obra)

©Apuleyo Ediciones (de esta edición)

Primera edición en Apuleyo Ediciones: mayo 2024

Diseño de cubierta: Sofía Corzo González

Corrección: Lorena Maestre Gregori

Maquetación: Domingo Carrasco Martín

Ilustraciones: Anna Marina Trillas

Coordinación editorial: Isidoro Cidre González

info@apuleyoediciones.com

www.apuleyoediciones.com

ISBN: 978-84-1060-092-8

Depósito legal: H 15-2024

No está permitida la reproducción total o parcial de este libro, ni su tratamiento informático, ni la transmisión de ninguna forma o por cualquier medio, ya sea electrónico, mecánico, por fotocopia, por registro u otros métodos, sin permiso previo y por escrito de los titulares del copyright.

Hecho e impreso en España.

NOAH SE EMOCIONA

APULEYO EDICIONES   FOMENTO DE VALORES   CUENTOS ILUSTRADOS

Paula Martín Fernández-Escribano

APULEYO EDICIONES   FOMENTO DE VALORES   CUENTOS ILUSTRADOS